Maria Constanza Espeche

Cuidando a nuestros niños

Cuentos terapéuticos para detectar,
acompañar y aliviar momentos difíciles

Editorial Brujas

Título: *Cuidando a nuestros niños*
Cuentos terapéuticos para detectar,
acompañar y aliviar momentos difíciles
Autora: Maria Constanza Espeche

Espeche, María Constanza
  Cuidando a nuestros niños : cuentos terapéuticos para detectar,
acompañar y aliviar momentos difíciles / María Constanza Espeche. -
1a ed . - Córdoba : Brujas, 2020.
  120 p. ; 23 x 15 cm.

1. Psicología Infantil. 2. Cuentos Infantiles. 3. Cuentos. I. Título.
CDD 155.4

www.editorialbrujas.com.ar publicaciones@editorialbrujas.com.ar
Tel/fax: (0351) 4606044 / 4691616– Pasaje España 1486 Córdoba–Argentina.

*A cada niño que me invitó a viajar por
su universo de sentidos, lágrimas y risas.
Gracias!!!*

PRESENTACIÓN

A lo largo de mi formación como psicóloga y de mi ejercicio profesional en el área clínica, he tenido la posibilidad de atender a muchos niños. Trabajar con ellos implica interesarse por su universo de sentidos y de juegos, decodificar sus gestos, y observar el mundo a través de sus ojos y de sus fantasías, para luego recuperar la mirada del adulto que puede guiarlos y sostenerlos con firmeza.

Sin embargo, cuando un niño llega a mi consultorio, no lo hace solo. Detrás de cada una de sus vivencias internas y externas hay un entorno familiar, escolar y social, con posibilidades, dificultades y recursos singulares que lo acompañan en su crecimiento de la mejor manera posible.

Es por ello que este libro de cuentos apunta a brindar un espacio compartido de lectura, en el que adultos y pequeños puedan encontrarse, conocerse más y compartir. Las historias podrán ser trabajadas en diferentes niveles de profundidad, con niños de entre 6 y 9 años.

Los catorce capítulos abordan temáticas significativas de la infancia: desafíos propios del crecimiento, habilidades por desarrollar y posibles crisis circunstanciales en la familia. Cada uno se divide en cuatro apartados:

-El primero consta de una breve introducción teórica que informa y orienta a los adultos en la problemática planteada.

-El segundo presenta un cuento para leer junto con los niños, con el objetivo de que estos últimos puedan sentirse identificados con los personajes, ver reflejados y nombrados en la historia sus propios sentires, y fortalecer su comprensión sobre situaciones complejas.

-El tercero propone preguntas que ayudarán a conversar sobre el tema planteado y a aprovechar mejor el contenido del cuento. Se agrupan en dos series: la primera debe ser trabajada por los niños junto con sus padres; y la segunda, únicamente por los adultos.

-En cuarto y último lugar, hay una página en blanco que espera a que el pequeño la complete con un dibujo sobre la narración. Cabe agregar que la expresión gráfica es una herramienta de gran utilidad para exteriorizar, organizar y comunicar estados internos.

Tengo la alegría de saber que quien tiene en sus manos este libro es un adulto que desde el amor busca cuidar la emocionalidad de un niño y estimularlo en el despliegue de sus potencialidades.

¡Y COLORÍN COLORADO,
EL VIAJE HA COMENZADO!

ÍNDICE

Capítulo 1:

La angustia al alejarse de los padres

Entre los 6 meses y los 4 años de vida, es habitual que los niños sientan ansiedad ante situaciones que impliquen separarse de sus padres, como quedarse en la guardería, en un cumpleaños o a dormir en una casa ajena. Esta es una reacción comprensible, ya que cuando todo marcha bien, la cercanía es fuente de seguridad y de placer.

A medida que el niño va creciendo en un entorno estable y predecible que responde a sus necesidades de manera adecuada, construye e interioriza sus vínculos sobre la base de la confianza. Así las personas amadas tienen, además de presencia física, una presencia tranquilizadora en sus pensamientos y en sus emociones, que le permite explorar el mundo y alejarse espacialmente por un determinado período de tiempo.

Cuando la angustia que le genera separarse de los padres se prolonga más allá de los 5 años, puede indicar la existencia de alguna problemática en el vínculo. En ocasiones, la desorganización o los cambios permanentes dentro de la vida familiar no posibilitan que el pequeño descanse en la certeza de que sus papás estarán disponibles para él en caso de que los necesite. Por ejemplo, no se quedarán con la misma tranquilidad en la escuela un niño que habitualmente es retirado puntualmente por la misma persona y aquel que desconoce a quién le tocará hoy ir por él y cuánto deberá esperar.

Otras veces, sucede que por alguna razón es el adulto el que necesita de la cercanía de su hijo, y siente temor o inseguridad al alejarse. En estos casos, el niño puede captar dichas emociones a través del lenguaje gestual, corporal y verbal de sus padres, y responder haciendo propio el malestar.

El cuento "Mi primera aventura en el bosque" busca brindarles tranquilidad y seguridad, así como apuntalar a los adultos en la tarea de acompañarlos en el camino de su autonomía.

Mi primera aventura en el bosque

Esta es la historia de un conejito alegre y juguetón llamado Frijol que amaba a su mamá más que a nada en el mundo. Tanto la amaba que la acompañaba a todos lados para tenerla cerquita, y así poder darle besos y abrazos cada vez que quisiera.

Un día, su mejor amigo, Manchitas, lo invitó a pasar con él una tarde de brincos y diversión en el bosque. Frijol sintió muchas ganas de acompañarlo, pero su corazón estaba dividido en dos, porque no quería alejarse de su mamá.

Mientras pensaba y pensaba, su carita se puso muy seria. Su mamá, que tanto lo conocía, se acercó para averiguar qué era lo que tenía preocupado a su hijo saltarín.

–Mami, realmente me gustaría ir al bosque con Manchitas... pero no quiero alejarme de ti, tengo miedo de no volverte a ver. Necesito tenerte cerca para que me cuides y me abraces –dijo el pequeño.

La señora conejo lo miró con mucha ternura y acariciándole la cabecita le respondió:

–Hijo, no tienes que preocuparte. Yo te amo y siempre estaré aquí cuando me necesites. No importa cuántas veces salgas con tus amiguitos ni cuántas horas estés fuera de casa, yo siempre iré a buscarte para que sigamos compartiendo y me cuentes todas las aventuras de tu día. Hay muchas cosas que podremos hacer juntos, y algunas otras que cada uno deberá hacer solo o con sus amigos, ¡y eso es muy lindo! A mí me hará feliz verte disfrutar también con animalitos de tu edad.

A pesar de lo que decía su mamá, Frijol sentía mucho miedo de extrañarla más que lo que podría soportar. Doña Coneja adivinó sus pensamientos y le explicó dulcemente:

–Cuando dos personas se aman tanto como nosotros, aunque estén en lugares diferentes, pueden sentirse cerca porque se llevan en el corazón. Yo tengo en mi memoria los recuerdos de tu risa y de tu voz, tus ideas, tus abrazos y tu mirada. Si tengo muchas ganas de verte, solo tengo que cerrar un rato los ojos y buscar esos recuerdos dentro de mí para sentirte muy cerquita otra vez. ¡Tú puedes hacer lo mismo cuando me extrañes!

Frijol escuchó muy atento el consejo de su mamá y decidió hacerle caso y animarse a visitar el bosque junto con su amigo.

Los dos conejitos se fueron brincando y cantando entre las flores. Juntos pasaron una hermosa tarde conociendo a otros animalitos, haciendo carreritas, visitando madrigueras, y saltando piedras y troncos caídos. Estaban muy sorprendidos por todo lo que había en el bosque.

Uno de los árboles era tan alto que parecía tocar el cielo; y otro era tan gordo que en su interior podrían entrar cientos de conejos. Muchísimos pájaros volaban y cantaban a la vez, más que los que habían visto durante toda su vida.

Tanto se divirtieron en su aventura que ni siquiera notaron el paso de las horas. Cuando se hizo de noche, Frijol escuchó la voz de su mamá que, tal como se lo había prometido, fue a buscarlo para volver a casa y conversar sobre las aventuras del día. ¡Tenía muchísimo para contarle!

¡Y COLORÍN COLORECES,
ESTÁ MUY BIEN SEPARARSE A VECES!

PREGUNTAS PARA CONVERSAR CON LOS NIÑOS

- ¿Por qué Frijol no se animaba a ir al bosque con su mejor amigo?

- ¿Qué le explica mamá conejo a su hijo?

- ¿Cuál fue la parte que más te gustó de esta historia?

- ¿Tuviste alguna vez miedo de alejarte de mamá o de papá?

PREGUNTAS PARA REFLEXIONAR ENTRE ADULTOS

- ¿Cumplo mi palabra cuando le digo al niño que iré a buscarlo a determinado horario?

- ¿Manejamos en la familia rutinas y hábitos que den seguridad al niño y que le permitan predecir cómo será su día?

- ¿Qué me genera separarme del niño? En caso de que la respuesta incluya sensaciones de malestar, ¿crees que lo podría estar percibiendo en alguno de tus gestos, palabras o acciones?

Mi dibujo de la historia

Capítulo 2

Pasos hacia la autonomía

En los primeros años de vida, se desarrollan diversas habilidades y competencias que posibilitan un aumento progresivo del nivel de autonomía. Por ejemplo, los primeros pasos, la adquisición del lenguaje, el control de esfínteres, entre otros.

A medida que el niño adquiere nuevos aprendizajes, logra un mayor control sobre sus acciones y sus elecciones, a la vez que fortalece su identidad como ser singular y diferente del resto.

Sin embargo, en ocasiones resulta difícil dejar atrás hábitos y costumbres que fueron placenteros y significativos en etapas anteriores, como dormir en la habitación de los padres, o abandonar la mamadera y el chupete. Estas situaciones, entre otras, en caso de sostenerse más tiempo que el necesario, pueden resultar perjudiciales para su socialización y su autoestima.

También para los adultos es un desafío acompañar este proceso, ya que pueden surgir dificultades para respetar sus ritmos o aceptar que el pequeño se muestre más independiente y comienza a experimentar (y con ello, genere desorden, haga preguntas, dedique mucho tiempo a algo que le llevaría pocos minutos al adulto, etcétera).

En ocasiones, sin intención de hacerlo, se transmite a los niños una idea negativa respecto al futuro y el crecimiento. Por ejemplo: "si no puedes quedarte quieto ahora vas a sufrir mucho cuando pases a primer grado”; “papá no tiene tiempo para jugar, los grandes estamos llenos de responsabilidades.”

El cuento “La alegría de crecer” tiene como objetivo reflexionar acerca del crecimiento desde una mirada positiva e incentivar la incorporación de nuevas pautas, actitudes y actividades a medida que uno se encuentra preparado para ello.

La alegría de crecer

Había una vez un niño llamado Lucas que tenía 6 años y vivía en un hermoso departamento con su mamá. Él amaba tres cosas: su guardapolvo del jardín, su taza del Hombre Araña y su bicicleta con rueditas, con la que tanto se divertía.

Un día de verano, mientras desayunaba un rico bizcochuelo de chocolate que su mamá le había preparado, ella le dijo:

–Hijo, hoy haremos algo muy importante. Saldremos juntos a pasear y a comprar el uniforme que vas a usar cuando empieces las clases.

Lucas se sorprendió y respondió rápidamente:

–Pero... ¡a mí me gusta mucho mi guardapolvo celeste del jardín! No quiero ir a la escuela vestido de otra forma.

–Sé que te encanta el guardapolvo y que disfrutaste mucho el jardín, pero al igual que todos tus compañeritos ya estás preparado para ir a primer grado y aprender cosas nuevas –dijo con calma la mamá–. Además, te prometo que el pantalón y la camisa que vamos a comprar te van a quedar muy hermosos.

–Pero, mami, ¿y si no me gusta primer grado? ¿Y si no me sale? ¿Y si quiero volver al jardín?

Con mucha ternura y paciencia, su madre le explicó:

–Tienes todas esas preguntas porque nunca has ido a primer grado, y las cosas que no conocemos siempre nos dan un poco de miedo. ¿Te acuerdas cuando no te animabas a dormir solito en tu habitación? ¿Y cuando creías que nunca ibas a poder dejar de tomar la leche en mamadera...?

–¡SÍ! Me acuerdo –dijo el niño sonriendo–. Hasta que un día me regalaste mi taza preferida, la del Hombre Araña.

–Así es, hijo. Para crecer tienes que animarte a hacer cosas por primera vez y a dejar algunas otras que te servían cuando eras más pequeño, pero que ahora te quedan chicas o no te hacen falta. También recuerdo el primer día que te llevé al jardín. No querías quedarte y lloraste hasta que me fui, con la promesa de que volvería a buscarte.

Lucas recordaba bien aquella época, él no sabía lo divertido que iba a ser jugar con sus compañeros ni lo buena que sería su seño Marcela.

Y su mamá agregó:

–En primer grado también tendrás una maestra que te podrá ayudar en todo lo que necesites y vas a tener recreos para jugar con tus amigos.

Después de conversar, Lucas fue con su mamá a comprar el uniforme de la escuela. Al principio, se sentía un poco triste y enojado porque iba a extrañar mucho su guardapolvo, pero cuando se probó la ropa nueva y vio en el espejo cómo le quedaba, y lo grande que parecía con camisa y corbata, se sintió muy feliz.

Cuando salieron de la tienda, Lucas dijo:

–Mami, estuve pensando, y ahora que soy un niño más grande, de 6 años, me gustaría que me enseñaras a andar en bicicleta sin rueditas, como hacen los chicos que siempre vemos en la plaza.

–¡Claro que sí! –respondió ella con entusiasmo–. Voy a enseñarte y lo harás muy bien. Me pone muy contenta verte crecer y que aprendas nuevas cosas.

Lucas ayudó a su mamá a sacar las rueditas y juntos se fueron a practicar. Después de algunos intentos y de varias caídas, pudo hacer equilibrio en su bicicleta y comenzó a pedalear con mucha fuerza, tanta que por un momento sintió que volaba.

Sobre el final de la tarde, ya había paseado por todos los rincones del parque. ¡No podía creerlo!... después de tanto tiempo, por fin podía andar sin rueditas. Se sentía valiente y más grande que nunca.

Ahora sí que ya no tenía miedo de ir a primer grado, estaba listo para seguir creciendo y para aceptar un nuevo desafío.

¡Y COLORÍN COLOCER,
QUÉ LINDO QUE ES CRECER!

PREGUNTAS PARA LOS NIÑOS

- ¿Qué fue lo último que aprendiste a hacer?

- ¿Recuerdas algo que necesitabas cuando eras más pequeño y que ya no te hace falta?

- ¿Qué es lo más lindo de crecer?

PREGUNTAS PARA REFLEXIONAR ENTRE ADULTOS

- ¿Permites e incentivas en el niño la exploración de nuevas actividades y situaciones?

- ¿Crees que el niño se halla en condiciones de realizar alguna de las tareas que habitualmente haces en su lugar?

- ¿Qué sientes cuando observas pautas de autonomía en el niño? Si tu respuesta incluye sensaciones de malestar, ¿crees que él lo podría estar percibiendo de algún modo?

Mi dibujo de la historia

Capítulo 3

El amor incondicional de los padres

Cuando un bebé llega a este mundo, se halla desprovisto de las herramientas necesarias para sobrevivir. Son sus padres quienes se encargan de proveerlo de cuidados físicos y psíquicos, de afecto y de los estímulos indispensables para mantenerlo con vida y posibilitar su desarrollo.

El niño solamente puede sentirse seguro si percibe el amor de sus padres como incondicional. Este sentir posibilitará:

-el desarrollo de vínculos más estables y basados en la confianza;

-contemplarse a sí mismo como una persona valiosa y digna de ser querida;

-explorar el mundo con mayor entusiasmo y con menos temores, ya que sabe que siempre habrá alguien disponible para contenerlo en caso de que lo requiera.

Cuando los padres se dirigen a sus hijos con expresiones tales como "si no dejas de gritar, me iré y te dejaré en el supermercado" o "si no estudias, te dejaré de querer", peligra su seguridad afectiva y con ello se ve amenazada la satisfacción de una necesidad básica en su vida.

Es tarea del adulto encontrar el modo en que los niños se sientan amados, aun cuando se les corrige, se les fijan límites o se les manifiesta enojo. Algunas formas discursivas que pueden contribuir a tal fin son:

- "TE AMO, PERO ESTOY MUY ENOJADA PORQUE ME MENTISTE".
- "TE AMO, PERO NO VOY A DARTE PERMISO PARA HACER ESTO".
- "TE AMO, PERO NO QUIERO HABLAR EN ESTE MOMENTO".

El cuento "Amor infinito" brinda la oportunidad de conversar y de reflexionar acerca del amor que trasciende condiciones y que no depende de las acciones ni de los logros del otro.

Amor infinito

En una lejana ciudad, vivían Ayelén y su familia.

La niña iba a cuarto grado de la escuela más bonita de todo el mundo, o por lo menos así lo creía ella, que disfrutaba mucho de aprender y de divertirse en cada recreo con sus amigas.

Aunque le encantaba el colegio, le costaba mucho estudiar Matemática. Muchas veces no entendía los ejercicios. Y cuando intentaba leer su cuaderno para repasar en casa, se quedaba dormida.

Por eso, cuando su mamá se enteró de que la señorita Gabriela había anunciado prueba, quiso apoyarla y le dijo:

—Hijita, ¿quieres que te ayude a estudiar para el examen de mañana? Puedo explicarte ahora lo que necesites.

Pero Ayelén no quería dejar de ver su programa de televisión preferido y le respondió:

—No, mami, no hace falta, ya entendí todo.

Al otro día, cuando comenzó la prueba, se puso muy nerviosa. Borraba una y otra vez lo que escribía sin poder responder ninguna pregunta, hasta que finalmente decidió entregar la hoja, sabiendo que sacaría una mala nota.

Tenía mucho miedo de que sus papás se enojaran con ella. Estaba triste y arrepentida de no haber estudiado, tanto que su corazón latía muy rápido y su cara estaba colorada e hinchada de tanto llorar.

Su mejor amiga, que estaba muy preocupada, le dio un abrazo bien fuerte y le preguntó qué era lo que la ponía tan mal.

—Estoy triste porque me fue mal, pero estoy mucho más triste porque mi mamá me pidió que estudiara y yo no le hice caso. Se va a enojar tanto conmigo que no va a quererme más. ¡Ya no me va a decir que soy su princesa ni va a querer jugar conmigo! ¿Ahora quién me va a cuidar? ¿Quién me va a dar abrazos?

En ese momento llegó su mamá a buscarla a la escuela. Y al escuchar todo lo que había pasado, dijo a su hija:

—Mi princesita, estoy enojada porque no estudiaste para la prueba y porque no me contaste la verdad. Pero eso no significa que te quiera menos, ni que vayas a dejar de ser lo más importante para mí. Tu papá y yo te vamos a amar y a cuidar toda la vida, sin importar cómo te portes ni cómo te vaya en la escuela, sin importar las veces que te equivoques ni las veces que nos hagas enojar.

Aún con lágrimas en los ojos, Ayelén preguntó:

—¿De verdad vas a amarme siempre? Es que algunas veces, cuando me miras seria o me das una penitencia, tengo miedo de que ya no me quieras más. Como ese día que me retaste mucho porque había cruzado la calle corriendo, sin mirar si venían autos.

—Ese día te reté porque lo que hiciste fue peligroso y te podrías haber lastimado —dijo la mamá—. La tarea de los papás es cuidar a los hijos, y eso también significa que tenemos que enseñarles lo que está mal y no deben hacer.

Y acariciando el cabello de la niña con dulzura, continuó:

—Algunas veces me voy a enojar; otras veces te voy a retar y me vas a ver muy seria, porque te amo y tengo que ayudarte a crecer. Pero te prometo que en esos momentos también te amaré con todas mis fuerzas.

Mientras escuchaba a su mamá, el miedo iba desapareciendo. ¡Qué alivio le daba saber que siempre iban a amarla y protegerla! Ahora se sentía más liviana, tanto que le parecía estar flotando en el aire.

La niña prometió que no volvería a mentir y pensó que se esforzaría más para la próxima prueba, porque le encantaba la escuela y quería aprender mucho para poder pasar de grado con sus amigas.

Esa noche, Ayelén durmió más tranquila y segura que nunca. Tenía una alegría muy grande en el corazón: sabía que, pasara lo que pasara, sus papás siempre iban a amarla.

¡Y COLORÍN COLORUDA, DEL AMOR
DE LOS PAPÁS NO HAY QUE TENER DUDA!

PREGUNTAS PARA LOS NIÑOS

- ¿Por qué estaba tan triste Ayelén?

- ¿Qué le dijo su mamá?

- ¿Alguna vez sentiste algo parecido?

PREGUNTAS PARA REFLEXIONAR ENTRE ADULTOS

- ¿Cuando reprendo al la pequeño, dejo claro que mi enojo no afecta mi amor por él?

- ¿Cuando corrijo al niño, marco el comportamiento o señalo a su persona? Por ejemplo, si al jugar rompe un elemento del hogar, no es lo mismo decir "estuvo mal que jugaras a la pelota dentro de la casa" que señalar "eres torpe y desobediente".

- ¿De qué modo puedo transmitir al niño que mi amor y mis cuidados son incondicionales?

Mi dibujo de la historia

Capítulo 4:

Amor propio

Brindar amor a un niño y reconocerlo como una persona valiosa, con necesidades e intereses propios que son tenidos en cuenta, es la condición de base para que posteriormente él pueda valorarse y quererse. De las experiencias vinculares con sus figuras significativas, aprenderá modos de vincularse consigo mismo, de percibirse y también de evaluarse.

En los primeros años de la vida, los padres (o quienes cumplen ese rol) funcionan a modo de espejo para sus hijos, y devuelven una imagen positiva o negativa de sí mismos a través de las palabras y de los gestos con que repetidamente se refieren a ellos y a sus producciones (dibujos, juegos, ideas, etcétera). Es decir, el niño aprende a mirarse a través de los ojos del adulto.

Por ejemplo, si hace un dibujo para su mamá, y ella lo recibe con atención y lo agradece, expresa verbalmente lo mucho que le gusta o lo pega en la heladera, se sentirá capaz, valioso y orgulloso de lo que hizo. En caso contrario, si quien recibe su dibujo no le presta atención, olvida guardarlo o modifica la pintura para que quede mejor, el niño se sentirá diferente respecto a su propia aptitud y valía.

Así también, la benevolencia o la severidad con la que se autoevalúan los adultos que contempla como referentes, sirve de ejemplo y moldea el desarrollo de su mirada crítica. Considerando tal impacto, es importante evitar valoraciones crueles sobre el propio cuerpo, el desempeño o la identidad.

Cabe agregar que con el paso de los años y a medida que el pequeño va ampliando su universo de relaciones y de actividades, nuevos factores comienzan a incidir en su autoestima y su autoconfianza: calificaciones académicas, burlas o elogios de sus pares, competencias deportivas y sociales, etcétera.

El cuento de este capítulo, "Me gusta ser como soy", tiene la intención de fomentar la aceptación, el respeto por las diferencias y el amor propio.

Me gusta ser como soy

Érase una vez una niña de 8 años llamada Micaela. Lo que más le gustaba en la vida era jugar con su perrito Tony, un cachorro blanco de ojitos negros que la seguía por todas partes y que dormía debajo de su cama. Se lo había regalado su padrino Alberto meses atrás, y desde el primer momento en que lo vio supo que serían mejores amigos.

A veces, sus papás se quejaban de Tony porque era muy inquieto, desordenaba algunas cosas y mordía las pantuflas de mamá. Pero ellos también lo querían mucho porque ya era parte de la familia y porque sabían lo feliz que hacía a Micaela. Ella nunca se separaba de su mascota, salvo para ir a la escuela.

En la sala de tercer grado había quince niñas y diez niños, algunos eran sus amigos y otros no eran muy amables. Sin dudas, quien más la molestaba era Juana, una compañera que siempre parecía estar enojada.

Una mañana, Juana se le acercó con gesto burlón y le dijo entre risas:

—Ey, Micaela, ¿ya te diste cuenta que eres fea? ¡Tienes unas orejas enormes!

La pequeña se angustió tanto que no supo qué responder, solo bajó la cabeza y comenzó a llorar. Sin poder contestar nada, salió corriendo hacia el baño para esconderse y mirarse al espejo. Al ver su cara, pensó:

–¡Es verdad! Juana tiene razón. Mis orejas son grandes, son enormes... seguro que todos los demás piensan como ella. ¿Por qué soy tan fea?

Para ocultarse, se desarmó la trenza que su mamá le había hecho con mucho amor y tapó sus orejas con el cabello suelto. Ya no quería volver a usar su peinado preferido para que Juana no se riera de ella.

¡Se sentía tan triste...! Cada vez lloraba con más fuerza, hasta que su maestra, que pasaba por allí, la escuchó y fue a ver qué le sucedía.

–Seño, lloro porque me dijeron que mis orejas son feas y creo que es verdad. Ahora siento mucha vergüenza, me gustaría ser diferente.

Su señorita la miró y le dijo:

–Micaela, quiero hacerte una pregunta. Si alguien te dijera que puede cambiar a Tony por un perrito distinto, que se porte mejor y tenga ojos de otro color, ¿qué le dirías?

–Le diría que no, porque yo quiero a Tony –respondió Micaela–. Lo amo porque es mío y ningún perrito en el mundo sería para mí mejor que él. Amo la forma en que corre, amo sus ojitos negros, amo como mueve la cola cuando me ve, ¡hasta amo que sea un poco bruto! Todo en Tony lo hace especial y diferente a los otros perros. Él es mío y no lo cambiaría por nada.

–Claro. Amas a Tony porque es tuyo. Ahora te hago otra pregunta, ¿de quién son las orejas?

–¡Mías! Igual que todo en mi cara y en mi cuerpo...

–¡Sí! Tus orejas son tuyas, como Tony es tuyo.

–Es cierto, seño... mis orejas son mías. ¡Y por eso debería quererlas!

–Así es. Si fueras diferente, no serías quien eres; perderías lo que te hace tan especial, y las personas que te aman se pondrían tristes. En este grado hay niños más flacos y otros más gorditos, algunos altos y otros más bajos; el pelo de algunos es rubio y el de otros, negro; algunos saben leer y otros juegan mejor a la pelota; hay niños que dibujan muy bien y otros que saben hacer muchos amigos. Cada uno es distinto, pero todos son igualmente valiosos y merecen respeto.

Mientras pensaba en todo ello, Micaela exclamó con una sonrisa:

–Es verdad, además si todos fuéramos iguales, sería muy aburrido...

Al volver al aula, Juana se acercó a molestarla, pero esta vez la niña pudo mirarla a los ojos y decirle:

–Juana, tal vez tú pienses que soy fea. Pero a mí me gusta ser así y me quiero mucho como soy.

Después, se dio vuelta y se fue con las otras niñas del curso, que sí eran amables, porque era más divertido jugar con ellas que seguir discutiendo con Juana.

Cuando el transporte la buscó en la escuela y la dejó en su casa, Micaela fue corriendo al patio para abrazar a su perrito, que la recibió alegre como siempre, moviendo la cola y dando saltitos. Mientras lo acariciaba, pensó: ¡Cuánto te amo, Tony! ¡No cambies nada, por favor!

¡Y COLORÍN COLORISMO,
QUÉ LINDO ES SER UNO MISMO!

PREGUNTAS PARA LOS NIÑOS

○ ¿Algún personaje del cuento te hizo acordar a ti? ¿Por qué?

○ ¿Qué es lo que más te gusta de ti?

○ ¿Te animas a preguntarles a las personas que te quieren qué es lo que más les gusta de ti? Te recomiendo anotar lo que te digan y guardar esa hoja para leerla cuando quieras.

PREGUNTAS PARA REFLEXIONAR ENTRE ADULTOS

○ ¿Qué concepto tengo del niño? ¿Utilizo palabras amables para referirme a él?

○ ¿Qué imagen le devuelvo de sí mismo y de sus producciones con mis palabras y acciones?

○ ¿Qué tan crítico soy conmigo mismo? ¿Reniego de mis dificultades y de mi apariencia frente al niño?

Mi dibujo de la historia

Capítulo 5:

La importancia de conocer y de expresar mis emociones

Todas las emociones cumplen alguna función adaptativa que explica su permanencia a lo largo de la historia de la evolución de nuestra especie y la de otros seres vivos. El miedo, por ejemplo, es fundamental para nuestra supervivencia, ya que nos alerta y prepara para evitar y enfrentar mejor las situaciones de peligro.

Así también, las emociones motivan y refuerzan nuestros comportamientos, a la vez que cumplen una función comunicacional al enviar señales a los demás acerca de cómo nos sentimos. Conocerlas, contactar con ellas y expresarlas es saludable psicológica y físicamente, además de resultar beneficioso para el funcionamiento de los vínculos.

A menudo, los niños se sienten desbordados por sus reacciones emocionales, desconocen lo que están vivenciando y no saben de qué manera procesarlo, por lo que resulta importante orientarlos en la comprensión y en la gestión de sus estados internos.

Algunas ideas para acompañarlos en este significativo proceso son:

-Hablar abiertamente de los sentimientos y de las emociones en el hogar. Utilizar metáforas suele ser útil para conectar con ellos. Por ejemplo: el enojo se siente como un volcán en erupción;

la tristeza, como un día de lluvia y sin sol; la alegría, como muchos papelitos de colores en el aire.

-Incorporar de a poco el vocabulario sobre las diferentes emociones. No es lo mismo sentir enojo que experimentar furia, impotencia o frustración.

-Intentar no interrumpir su expresión emocional, ser respetuosos y validantes. En este punto, resulta importante evitar frases como "los niños no lloran", "los valientes no tienen miedo", "no vas a llorar por esta tontería", etcétera.

-Inferir lo que puede estar sintiendo y ayudarlo a registrar la secuencia ESTÍMULO-EMOCIÓN-ACCIÓN para organizar y poner palabras a lo que no puede nombrar. Por ejemplo, ¿qué fue lo que sucedió?, ¿qué sentiste?, ¿qué hiciste cuando te sentiste así?

En esta misma línea, el cuento "Liberando las palabras" pretende fomentar la expresión de emociones y la búsqueda de apoyo en los seres queridos.

Liberando las palabras

Manuel era un niño tranquilo y silencioso que estaba lleno de emociones, de preguntas, de pensamientos, pero por alguna razón había decidido NO hablar de ellos con nadie. Ni siquiera con su familia ni sus amigos de la escuela, a los que tanto quería.

Cada vez que se ponía triste, guardaba las palabras de tristeza dentro de su cuerpo, por eso nadie sabía lo que le pasaba ni podía ayudarlo a sentirse mejor. Otras veces, cuando tenía mucho miedo, Manuel se tragaba las palabras de miedo y trataba de solucionarlo sin que nadie se diera cuenta.

Cuando estaba muy enojado, hacía lo mismo: callaba todas las palabras sobre lo que le molestaba. Algunas veces se enojaba tanto que le pegaba a la pared o daba un grito, pero si alguien le preguntaba por qué lo hacía, no respondía. Para sus papás era muy difícil entenderlo, y algunos de sus compañeros empezaban a creer que estaba un poco loco por hacer eso sin explicación alguna.

Así fueron pasando los días, las semanas y los meses. Manuel cada día tenía más y más palabras adentro, hasta que fueron tantas que empezó a inflarse como un globo y a sentir que iba a explotar. Las palabras que no decía estaban acumuladas en su cabeza, en su corazón, en sus brazos, en sus piernas, ¡en todas partes! Dentro de su cuerpo ya no había lugar para la comida ni para el aire que respiraba.

Una tarde, cuando Manuel ya tenía el cuerpo hinchado de tantas palabras, su abuelita lo miró con preocupación y le dijo:

–Manuelito, aunque nunca me cuentes lo que te pasa, yo te conozco bien. Creo que lo que necesitas para sentirte mejor es dejar que salgan las palabras que nunca dices. Podrías empezar por dejar que salgan algunas. ¡Las que primero se te ocurran!

Manuel abrazó a su abuela y pensó que ella tenía razón. Se había guardado todas esas palabras por miedo a que los demás se burlaran de lo que le pasaba o porque le daba vergüenza contarlo, pero ya era hora de vencer esos miedos.

Entonces tomó coraje, abrió la boca y se animó a dejar que salieran algunas frases:

–Me enoja que los niños me hagan burla, me enoja que mis hermanos griten, me enoja levantarme temprano. Me siento muy contento cuando me abrazan y cuando me dicen cuánto me quieren. Me entusiasma mucho cumplir años y también que sea Navidad. Me siento muy feliz cuando te ayudo a cocinar y a todos les gusta la comida que hacemos.

Al decirlo, se sintió mucho mejor y quiso seguir hablando:

–Me pongo triste cuando extraño al perrito que teníamos y que se escapó de casa. Me pongo triste cuando me dicen lo que hago mal y cuando mis amigos no me dejan jugar a la pelota en el recreo porque ya son muchos. Me divierto mucho cuando hago carreritas por la cuadra con los vecinos y cuando juego a la atrapadita en la escuela.

Manuel tenía tantas palabras guardadas que habló sin parar durante 20 días seguidos. Y con cada palabra que decía, su cuerpo se iba deshinchando y se sentía más tranquilo.

Además, descubrió que su familia lo escuchaba con atención y que nadie se reía de él. Al contrario, ¡ahora que entendían sus emociones, se ofrecían a ayudarlo en muchas cosas que solito no podía resolver!

¡Y COLORÍN COLORADO,
POR FIN MANUEL HA HABLADO!

PREGUNTAS PARA LOS NIÑOS

- ¿Qué emociones conoces?

- ¿Cuál es la emoción que menos te gusta sentir? ¿Qué pueden hacer los demás para ayudarte cuando te sientes así?

- ¿Cómo te das cuenta de que alguien está triste?

- ¿Alguna vez quisiste hablar de algo y no te animaste?

PREGUNTAS PARA REFLEXIONAR ENTRE ADULTOS

- ¿Identifico mis propias emociones? ¿Me permito hablar de ellas?

- ¿Reconozco las emociones detrás de las conductas de los niños? ¿Les permito expresarlas?

- ¿Alguna de las frases que utilizo cuando el niño expresa temor, llanto o enojo puede resultar invalidante? Por ejemplo, "los hombres no lloran".

Mi dibujo de la historia

Capítulo 6:

Cómo gestionar mis emociones

Durante los primeros años de vida, el cerebro humano no cuenta aún con la madurez suficiente para lograr el control de impulsos, la identificación, la regulación y la expresión simbólica de emociones. Es por ello que en la infancia resulta fundamental la presencia de un adulto que sea capaz de brindar calma en momentos de estrés, de angustia, de ira o de temor; esto es, que le "preste" sus recursos hasta tanto el niño cuente con sus propias herramientas para recuperar el equilibrio.

Las conexiones neuronales y los recursos psicológicos implicados en tales mecanismos van desarrollándose a lo largo de la vida. Este proceso comienza cuando el bebé llora por alguna molestia y su cuidador es capaz de decodificar su llanto, de darle un sentido a su expresión (¿tiene hambre?, ¿tiene sueño?, ¿le duele la panza?) y actuar en respuesta a la necesidad percibida.

Del mismo modo, a medida que el niño va creciendo y vivenciando emociones cada vez más complejas, que en gran medida quedan fuera de su comprensión, sus padres son los encargados de ponerle palabras a su sentir ("estás triste, enojado, asustado") y de acompañarlo en el reconocimiento y en la gestión emocional.

El cuento "Un volcán dentro de mí" tiene como objetivos fomentar el registro de diferentes niveles de intensidad en una misma emoción y brindar herramientas de autorregulación a los pequeños lectores.

Un volcán dentro de mí

Esta es la historia de un niño llamado Martín que ama andar a caballo y sentarse en el patio de su casa a mirar el atardecer.

Todo en su vida marcha bien... pero cuando se enoja, toma muy malas decisiones, ¡y después se arrepiente mucho de lo que hizo! Algunas veces se descontrola tanto que le pega a la gente que quiere, en ocasiones grita tan fuerte que toda su familia se pone nerviosa; y otras veces, rompe cosas que le gustan mucho y después no puede usarlas más.

Una mañana, en la escuela, mientras hacía un lindo dibujo para la clase de Plástica, le pidió prestado el color amarillo a su compañero de banco para dibujar el sol. Su amigo le dijo que no podía prestarlo, porque era un lápiz nuevo y quería cuidarlo.

Martín se sorprendió con la respuesta y sintió bronca, porque él siempre compartía sus cosas. Mientras pensaba en eso, empezó a sentir mucho calor y a apretar fuerte sus dientes... para colmo, justo en ese momento su compañero le movió el brazo sin querer e hizo que rayara su cuaderno.

El enojo lo hizo estallar; tiró su escritorio y comenzó a gritar en medio de la clase. Mientras lo hacía sentía que no podía detenerse, aunque quisiera hacerlo.

Su profesor se acercó y lo invitó a conversar fuera del aula para resolver la situación. Al escuchar lo que Martín contaba, el maestro le dijo:

–Imagina que en tu interior hay un volcán hermoso y tranquilo, que tiene toda la energía y la fuerza que tú tienes. Cuando algo te hace enojar, la lava del volcán comienza a calentarse; y mientras más te enojas, más se calienta. En algún momento, la lava comienza a hacer burbujas y a saltar por todas partes, descontrolada, hasta provocar una explosión. Cuando esto pasa, sientes que ya no controlas tu enojo y haces cosas que sabes que no están bien.

Martín pensó un poco y de verdad se sentía así, por fin alguien entendía lo que experimentaba cuando se enfurecía. Necesitaba encontrar la forma de manejar ese volcán para no lastimar a nadie más y recuperar el control de sus acciones. Preguntó entonces cómo debía hacer para controlarlo, a lo que su maestro respondió:

–Manejarlo es difícil, pero te haré dos preguntas que te ayudarán. La primera de ellas, ¿cómo te das cuenta cuando el volcán está empezando a calentarse? Piensa en las señales que tu cuerpo te dio cuando comenzabas a enojarte.

El niño trató de recordar:

–Primero, mi cara se puso muy seria; después, mi respiración se fue haciendo cada vez más rápida y corta, y sentí calor. Luego apreté mis dientes y puños, y me puse más inquieto.

–¡Excelente todo lo que registraste! –dijo el profesor–. La próxima vez que aparezcan esas señales, te darás cuenta de que el volcán está comenzando a calentarse. ¿Recuerdas cuándo fue que notaste esas sensaciones?

–Ahora que lo pienso, todo eso empezó cuando Sebastián no me quiso prestar el lápiz. Pensé que era muy injusto.

–Muy bien, Martín. Podemos aprovechar ese momento en el que aparecen las señales para hacer algo que nos ayude a enfriar el volcán. Justamente de eso se trata la segunda pregunta: ¿qué cosas serían útiles para tranquilizarte y disminuir el calor?

El pequeño pensó, pensó y pensó, hasta que finalmente contestó:

–Para sentirme más tranquilo, podría respirar hondo y lentamente, contar hasta diez, tomar un vaso de agua fresca, salir al patio. También me puede ayudar cantar mi canción preferida, dibujar, acariciar a mi mascota o decirle a alguien cómo me siento.

¡Claro que sí! –agregó el maestro–. Todo eso puede ayudarte. Te invito a que la próxima vez que algo te moleste, hagas alguna de las cosas que nombraste.

Martín volvió contento al aula y compartió con sus amigos el consejo de su profesor.

Fue entonces cuando tuvieron una gran idea: hacer con todo el grado una lista de estrategias para enfriar el volcán.

Cada niño aportó su idea, y la lista se hizo tan larga que ocupó toda la hoja. Por último, decidieron pegarla en el pizarrón para poder verla cada vez que alguno identificara en su cuerpo que la lava empezaba a calentarse.

Así lo hicieron, y a fin de año el director los felicitó porque, sin buscarlo, lograron ser el grado con menos peleas de toda la escuela.

¡Y COLORÍN COLORÁN,
ES POSIBLE MANEJAR EL VOLCÁN!

PREGUNTAS PARA LOS NIÑOS

○ ¿Alguna vez te has sentido como Martín?

○ ¿Crees que algunas de las estrategias que él anotó podrían servirte?

○ ¿Cómo contestarías las dos preguntas que el profesor le hizo a Martín?

PREGUNTAS PARA REFLEXIONAR ENTRE ADULTOS

○ ¿Qué señales noto en el niño cuando está comenzando a alterarse?

○ ¿De qué manera puedo intervenir cuando detecto su enojo, considerando que la intensidad aún no ha llegado a niveles altos?

○ ¿Qué recursos utilizo para enfriar mi propio volcán?

Mi dibujo de la historia

Capítulo 7

El exceso de tecnología en la infancia

La tecnología es parte inevitable de la vida actual, y los niños no están exentos. Desde muy pequeños, manejan con gran facilidad celulares, computadoras, televisores y demás dispositivos informáticos con un atractivo incuestionable y que pueden resultar estimulantes tanto para el entretenimiento como para el aprendizaje en todas las edades.

Sin embargo, existe evidencia acerca de los numerosos efectos negativos a nivel cerebral y psicológico que conlleva el exceso de tiempo frente a las pantallas durante la infancia. Entre ellos, podemos mencionar la alteración de algunas funciones, como la atención y la concentración, los niveles elevados de ansiedad, las irregularidades en el sueño, el sedentarismo o la exposición a contenidos inadecuados.

Por otra parte, más allá de las consecuencias directas del abuso de la tecnología durante la niñez, resulta interesante reflexionar sobre lo que se deja de lado cuando se invierte tanta energía, tiempo y dedicación en los dispositivos. Ejemplos de ello son:

-darle a un niño que llora un celular para distraerlo de su angustia, en lugar de brindarle contención mediante caricias y diálogo, perdiendo con ello la oportunidad de ayudarlo a conocer y gestionar sus emociones;

-pasar tardes enteras frente a la Play, la TV o los videos de YouTube, sin la posibilidad de experimentar el aburrimiento necesario para estimular la creatividad;

-elegir la comodidad de los juegos en línea en lugar de hacer deportes, tomar aire o juntarse con amigos.

Si se dejan de alimentar esos espacios de interacción, se descuida también el desarrollo de las competencias físicas, sociales y emocionales que estos posibilitan.

El cuento "Fabián: el niño que olvidó cómo jugar" intenta funcionar como un disparador para conversar con los niños acerca del uso inadecuado de dispositivos tecnológicos.

Fabián: el niño que olvidó cómo jugar

Esta es la historia de un niño de 6 años llamado Fabián, que era un experto en juegos. Jugaba con sus amigos y con su familia, a juegos de mesa y a otros en los que había que correr muy rápido, a juegos que existían y a otros inventados por él, y con todos disfrutaba muchísimo.

El día que Fabián cumplió 7 años su tía Marta le regaló un celular. El niño descubrió que con ese aparato podía ver videos, aprender cosas nuevas, jugar y divertirse. Tanto le gustó que empezó a usarlo mucho, más que mucho, ¡muchísimo!

Durante toda esa semana quiso pasar cada uno de sus momentos libres usando su nuevo celular, aunque no quedara tiempo para nada más. Cada mañana, cuando se despertaba, lo primero que hacía era buscarlo; igual que a la hora de la merienda, al volver de la escuela, y también antes de acostarse.

Un día su papá se fue muy apurado a trabajar y, sin darse cuenta, se llevó en el maletín el celular de su hijo. Horas más tarde Fabián se despertó y, como todos los días, fue a buscar su celular, pero esta vez no pudo encontrarlo. Miró debajo de la cama, dentro de la heladera, en la cucha de su perro y por todos los rincones de la casa; ¡hasta se subió a un banquito para fijarse si estaba arriba del mueble de la cocina!

Cansado y enojado por buscar durante horas, se acostó en su cama sin saber qué hacer. Mientras observaba aburrido su habitación, vio el baúl de colores donde guardaba sus viejos juguetes. "¡Aún los tengo! Voy a jugar con ellos hasta que aparezca mi celular", pensó.

Se levantó de la cama, abrió el enorme y pesado baúl, y comenzó a sacar de a poco todo lo que había adentro. Lo raro fue que, cuando quiso jugar, se dio cuenta de que ya no sabía cómo hacerlo: se había olvidado cómo dibujar, cómo inventar cuentos, cómo hacer hablar a los soldaditos y hasta cómo armar muñecos con masa.

Por un momento, tuvo mucho miedo de haber perdido su imaginación. Pero, por suerte, no se dio por vencido y siguió intentando hasta que, de a poquito, volvían a su cabeza las ideas. Primero, armó una gran batalla de soldados ubicados por toda la pieza; luego salió al patio con su pelota para practicar puntería y, cuando se cansó de patear, pintó con sus acuarelas un parque lleno de animalitos.

Finalmente, pasó una hermosa mañana llena de juegos y de diversión, como lo hacía cuando no usaba todo el tiempo su celular. Se sentía muy alegre de haber recuperado sus juguetes y ahora se daba cuenta de cuánto los había extrañado.

Cuando su padre regresó del trabajo, Fabián le dijo:

—Papi, creo que ya no voy a necesitar tanto el celular. ¡No quiero olvidar nunca más cómo se juega!

—Es una muy buena idea, hijo. Yo puedo guardarlo en mi cajón y dártelo solo un rato por día, para que puedas seguir jugando como siempre.

Así lo hicieron, y desde ese día Fabián cuidó mucho su imaginación. Sabía que mientras la tuviera, no debía preocuparse por estar aburrido. Los días que siguieron, creó cientos de historias y de juegos, y volvió a divertirse como siempre lo había hecho.

¡Y COLORÍN COLORETE,
FABIÁN RECUPERÓ SUS JUGUETES!

PREGUNTAS PARA LOS NIÑOS

- ¿Qué le pasó al niño del cuento?

- ¿Por qué Fabián decidió devolver el celular que tanto le gustaba?

- ¿Cuáles son tus juegos preferidos?

PREGUNTAS PARA REFLEXIONAR ENTRE ADULTOS

- ¿Cuánto tiempo por día pasa el niño frente a las pantallas? ¿Superviso el contenido de lo que ve?

- ¿Hay momentos familiares de encuentro y de diálogo sin interferencia de dispositivos informáticos?

- ¿Permito momentos de aburrimiento que den lugar al desarrollo de su creatividad?

- En lugar de utilizar pantallas para que el niño se calme o entretenga, ¿a qué otro recurso podría apelar?

Mi dibujo de la historia

Capítulo 8

Los celos por la llegada de un hermanito

A menudo, la llegada de un nuevo hijo a la familia despierta en el ahora "hermano mayor" celos vinculados a la frustración por tener que compartir a sus padres, su tiempo y su afecto.

La inevitable modificación en la estructura y en la dinámica familiar puede ser percibida por el niño, acostumbrado a ser el único, como una amenaza de exclusión, de desplazamiento y de pérdida del amor de sus padres.

Frecuentemente, esto acarrea como consecuencia una mayor necesidad de atención y de contacto físico, reacciones de oposición y regresión a comportamientos superados en etapas anteriores.

El cuento "Hay espacio para todos" pretende propiciar el diálogo con el pequeño para calmar sus temores y sus fantasías, despejar sus dudas, permitir su expresión emocional y clarificar el rol de cada uno en la familia.

Hay espacio para todos

En una hermosa cueva en el bosque vivía una pareja de osos con su pequeño hijo Osías. El papá de la familia, Osote, era un oso fuerte y grande que siempre los protegía; mientras que Doña Osa, la mamá, se caracterizaba por ser la más cariñosa y alegre del hogar.

Osías era bajito y muy simpático. Pasaba sus días jugando, disfrutando de los mimos que recibía de sus papás y de pasear por el inmenso bosque. Casi siempre estaba contento, excepto los días fríos del año, cuando debía quedarse dentro de la cueva y no podía divertirse con sus amigos.

Un día, sus papás le dieron una noticia muy importante: iba a tener un hermanito y se llamaría Osillo. ¡Cuánta alegría sintió Osías al escuchar eso! ¡Por fin iba a tener un compañero de juegos!

El día que nació Osillo, todos en la familia estaban muy emocionados. Osías sentía mucha ternura al ver su cara redonda y sus deditos cortos. ¡Su papá podía alzarlo con una sola mano!

Los días pasaron y sus parientes fueron a conocer al nuevo miembro de la familia. La abuelita Bernarda se acercó apurada a la cuna para levantarlo y acurrucarlo en sus brazos; el abuelo Pocho empezó a cantarle canciones, y la tía Berta no dejaba de acariciarlo.

Con el paso de los días, Osías empezaba a cansarse de que todos hablaran de Osillo. A demás su mamá ya no tenía tiempo para trepar árboles con él, y su papá no podía llevarlo a pescar, porque estaban ocupados cuidando a su hermanito.

La verdad es que estaba triste, no quería compartir a sus papás con un osito que lloraba de noche y que ni siquiera servía para jugar porque era demasiado pequeño. ¡Se sentía tan celoso que algunas veces deseaba que Osillo desapareciera para que todo volviera a ser como antes!

Una tarde, no aguantó más la angustia y les dijo a sus papás:

—Estuve pensando... y no me gusta tener este hermanito. Extraño estar solo con ustedes y siento que ya no me quieren tanto como antes.

Mamá Oso lo escuchó con atención y le respondió:

—Hijito, ¡te quiero tanto! ¡Igual que siempre! En nuestro corazón y en nuestra cueva, hay espacio para los dos. Entiendo que a veces te sientas celoso porque pasamos mucho tiempo con Osillo, pero tienes que saber que es porque todavía no puede hacer nada solito y tenemos que enseñarle, como lo hicimos contigo cuando naciste.

Mientras Osías y su mamá hablaban, Papá Oso trajo un gran álbum de fotos que los tres se sentaron a mirar. En esas imágenes estaban todos los momentos importantes de la vida de Osías: el día en que nació, la primera vez que su abuela lo cargó en brazos, sus primeros pasos, su primer regalo, la primera vez que tomó la mamadera, la mañana que comenzó el jardín, y muchas cosas más.

Cuando Osías vio las fotos, se dio cuenta de que había compartido muchos momentos con Osote y con Doña Osa, y que ellos siempre habían estado para mimarlo y cuidarlo.

Cuando terminaron de ver esas hermosas fotografías, su mamá le dijo:

—Toda nuestra vida cambió desde que tú llegaste, ese mismo día supimos que te íbamos a amar para siempre. No tengas miedo, sé que no es fácil compartirnos con tu hermanito. Yo también extraño trepar árboles y tener más tiempo para jugar juntos, pero si tenemos un poco de paciencia, pronto podremos volver a hacerlo.

Doña Osa miró a su hijo emocionada, lo tomó de la mano con ternura y agregó:

—Tu papá y yo estamos orgullosos de verte más grande, inteligente y fuerte cada día, y por eso te dejamos hacer algunas cosas solito. Pero quiero que sepas que, aunque a veces no lo notes, siempre te estamos mirando y cuidando.

Al escucharla, Osías se sintió alegre y tranquilo porque entendió que en su familia había espacio para todos. Pensó, además, que cuando Osillo creciera, podrían jugar juntos los días fríos que tanto lo aburrían y también cuando sus papás estuvieran ocupados con el trabajo.

Imaginó todo lo que tenía para enseñarle sobre el bosque y la escuela de osos, y sintió mucho entusiasmo. Abrazó con todas sus fuerzas a sus papás y, con una sonrisa, gritó: "¡Gracias por regalarme un hermanito!".

¡Y COLORÍN COLORACIO,
PARA TODOS HAY ESPACIO!

PREGUNTAS PARA LOS NIÑOS

- ¿Por qué estaba enojado Osías?

- ¿Por qué sus papás le prestaban tanta atención a Osillo?

- ¿Qué es lo más lindo y lo más difícil de tener un hermano para tí?

- ¿Cuál es tu parte preferida del cuento?

PREGUNTAS PARA REFLEXIONAR ENTRE ADULTOS

- ¿Disfruto el tiempo compartido con el niño? ¿Cuáles de mis gestos o palabras reflejan este sentir?

- ¿De qué manera le demuestro que es importante para mí?

- ¿Conservo con mi hijo mayor algún espacio que sea solo "nuestro"?

- ¿Hago comparaciones entre los hermanos?

Mi dibujo de la historia

Capítulo 9

Aprender a equivocarme

Situaciones cotidianas como perder en algún juego, posponer el cumplimiento de un deseo, no ser elegido en el equipo de fútbol, no conseguir un permiso, sacar una baja calificación o ser corregido pueden ser vivenciadas como altamente perturbadoras por niños con una baja tolerancia a la frustración.

Hay diversos modos en que el adulto puede ayudarle a trabajar en ello. No darle todo resuelto, enseñarle a contemplar los ritmos y los límites de los demás, permitir que experimente tiempos de espera, son algunos ejemplos válidos.

A menudo, la escasa tolerancia ante las frustraciones cotidianas viene de la mano de un elevado perfeccionismo que impide disfrutar de las actividades por temor a cometer errores. En este sentido, es importante brindar al niño la posibilidad de explorar, de fallar y de intentar una y otra vez algo, registrando sus pequeños avances y animándolo a perseverar, valorando más el esfuerzo durante el proceso que el resultado final.

En coherencia con ello, así como resulta importante cuidar el modo en que se le exige y evalúa, también es significativa la manera en que los adultos reaccionan ante sus propias dificultades, ya que los comportamientos sirven como ejemplo y moldean la mirada crítica en desarrollo.

El cuento "Caerse también es divertido" pretende naturalizar los errores como parte del proceso de aprendizaje y cuestionar el ideal de conseguir "un resultado perfecto", que lleva inevitablemente a una frustración.

Caerse también es divertido

Este es el cuento de Macarena, la niña que quería hacer todo bien. Ustedes se preguntarán cuál es el problema de querer hacer todo bien. Y la respuesta es que eso es imposible porque todos nos equivocamos muchas, muchísimas veces.

Hace unos meses, Macarena quiso dibujar a su familia, pero se confundió y pintó la cara de su papá de color rojo. Aunque su hermana mayor le dijo que era solo un detalle, ella se enojó tanto que rompió la hoja y la tiró a la basura:

–¡Me quedó feísimo! ¡Nunca más volveré a dibujar porque me equivoco! –dijo enfurecida Macarena.

Una semana después, su amiga Lucrecia la invitó a jugar a la pelota en la plaza. Macarena fue muy contenta y empezó a jugar con muchas ganas, hasta que de repente el equipo contrario anotó un gol, y otro, y otro. Esto la puso tan nerviosa que ya no pudo disfrutarlo.

Cuando volvió a su casa, con cara seria y la frente arrugada, les contó a sus papás:

–Me fue muy mal y nunca más voy a jugar a la pelota. ¡Odio perder!

Estaba tan enojada que se encerró en su pieza y puso bien fuerte su música favorita para bailar y olvidarse de lo que había pasado. Mientras bailaba, se miró al espejo y se dio cuenta de que su paso favorito no le salía tan bien como a su amiga Juliana... sintió mucha bronca y empezó a gritar:

–¡¿Por qué no me sale?! ¡No puede ser que haga todo mal! Ya no quiero dibujar ni jugar a la pelota, y ahora tampoco volveré a bailar. ¡Siempre me pasa lo mismo!

Su hermana sentía pena por ella, porque dejaba de hacer las cosas que más le gustaban solo porque no le salían perfectas como quería. Pero, por suerte, un gran día algo cambió para siempre su forma de pensar.

Fue aquel sábado en que su prima preferida, Paula, la invitó a patinar sobre hielo. Sus papás no sabían si dejarla ir porque siempre que la llevaban a algún lugar volvía enojada; pero ella tenía tantas ganas que les prometió que esta vez sería diferente.

Cuando las niñas llegaron a la pista, no podían creerlo.

–¡Wow! Esto es maravilloso –dijo Macarena–. ¡Todo el piso es de hielo!

–¡Nunca había visto algo así! Parece una película – exclamó su prima.

Paula se puso rápidamente los patines y las rodilleras para protegerse de los golpes y entró a la pista.

Mientras se preparaba, Macarena la observaba: al dar su primer paso con los patines, su prima se cayó al piso y comenzó a reírse a carcajadas; luego se paró como pudo y volvió a caerse, y otra vez, y otra, y otra.

¿Cómo era posible que se divirtiera cuando se caía? ¿Acaso no tenía vergüenza ni miedo de volverse a caer? Parecía que no le importaba ser una gran patinadora, sino solo disfrutar y compartir un lindo momento. Macarena también quería eso, estaba cansada de tratar de hacer todo bien en lugar de divertirse.

En ese momento, Paula interrumpió sus pensamientos, la agarró de la mano y la llevó a la pista. Sin soltarse, empezaron a dar algunos pasos. A los pocos segundos se resbalaron y terminaron en el suelo... ¡el hielo era tan frío que el golpe no dolió nada! Se miraron y empezaron a reírse muy fuerte, tanto que Macarena sintió que todas sus preocupaciones se iban con esa risa.

Después de un ratito, juntaron fuerzas y se levantaron para intentarlo de nuevo, y de nuevo, y de nuevo. ¡En cada intento llegaban un poquito más lejos!... ¿Eso era lo que quería explicarle su papá cuando le decía que para aprender algo antes tenía que practicar y equivocarse muchas veces?... ¡Por fin lo entendía!

Era la primera vez que Macarena se divertía tanto. En su corazón solo había alegría, sin preocupaciones, ni enojos, ni vergüenza.

Horas más tarde, cuando su mamá fue a buscarla, le contó lo bien que lo había pasado y le dijo:

–Ya estoy lista para volver a casa. ¡Tengo muchas cosas para hacer! Quiero pintar, jugar a la pelota y bailar mis canciones favoritas, pero esta vez solo para divertirme.

Así fue como Macarena recuperó la alegría y volvió a hacer todas las cosas que le gustaban, fuera o no buenas para ellas.

¡Y COLORÍN COLORECTO,
NADA TIENE QUE SER PERFECTO!

PREGUNTAS PARA LOS NIÑOS

- ¿Qué le pasaba a Macarena?

- ¿Te sentiste alguna vez como ella? ¿Cuándo?

- ¿Alguna vez pensaste que no podrías hacer algo y después de practicarlo muchas veces lo lograste?

PREGUNTAS PARA REFLEXIONAR ENTRE ADULTOS

- ¿Qué tan exigente eres contigo a la hora de evaluar tu desempeño?

- ¿Recuerdas la última vez que el niño no alcanzó en algún área el resultado que esperabas? ¿Qué sentiste? ¿Qué le expresaste al respecto?

- ¿Le permites al niño que haga aquello que ya puede realizar solo, aun cuando ello implique que cometa errores o alcance un resultado inferior al que lograría con tu ayuda?

Mi dibujo de la historia

Capítulo 10

El desarrollo de habilidades sociales

La necesidad de construir vínculos sociales y afectivos es inherente a la especie humana y nos acompaña a lo largo de toda la vida. El proceso de socialización comienza dentro del núcleo familiar, continúa en la escuela e incorpora nuevos actores a medida que el niño crece y realiza nuevas actividades.

Las habilidades interpersonales, que facilitan el establecimiento y el funcionamiento de relaciones, se adquieren a través de:

-la interacción con pares y con figuras de autoridad;

-la observación y la imitación del modo de vincularse de otras personas;

-las indicaciones y las sugerencias que brindan los adultos;

-las consecuencias que las acciones propias tienen sobre los demás.

En este sentido, el vínculo de hermanos representa un escenario privilegiado y seguro para experimentar y aprender a defenderse, compartir, escuchar, ceder, aconsejar, discutir, empatizar, negociar, y demás competencias de gran utilidad para las relaciones humanas.

El cuento "Un robot en busca de amigos" tiene por objetivo brindar a los niños herramientas útiles para el proceso de socialización con sus pares.

Un robot en busca de amigos

Había una vez un niño de 9 años llamado Gabriel que disfrutaba mucho ir a la escuela y jugar con sus amigos. Por eso, cuando llegó diciembre y terminaron las clases, empezó a aburrirse y a sentirse solo.

Un día se le ocurrió una gran idea: ¡fabricaría un robot que sería su compañero de juegos durante todo el verano! Como no sabía por dónde empezar, le pidió ayuda a su tío favorito.

Después de varias semanas de trabajo y de muchos intentos fallidos, por fin estuvo listo. Era un robot bajito, de color azul y con cabeza cuadrada que aprendía muy rápido todo lo que le enseñaba.

Gabriel estaba muy feliz de tener un nuevo amigo. Juntos pasaron las mejores tardes jugando ajedrez y conversando sobre todo lo que se les ocurría. ¡Este sí que era un gran verano!

Después de meses de diversión, llegó el momento en que Gabriel y todos los demás niños debían volver a la escuela. Si bien era una buena noticia, sentía pena porque ya no podría pasar tanto tiempo jugando con su robot.

–¡Tengo una gran idea! ¡Ven conmigo a clases! –dijo Gabriel luego de pensar diferentes soluciones.

–¿En serio quieres que te acompañe? –se sorprendió el robot.

–¡Claro, te va a encantar! Conocerás a mis 30 compañeros.

–Pero, Gabriel... yo no sé cómo hacer amigos. ¡Tú eres el único niño que conozco!

–No te preocupes por eso, yo voy a ayudarte. Lo primero que necesitas es tener un nombre para presentarte, no puedes seguir llamándote Robot. ¿Cuál te gustaría?

El robot repasó todos los nombres que conocía y finalmente contestó:

–Mmm... ¡Julián!

–Me gusta, a partir de ahora ese será tu nombre.

–¿Qué más debo hacer para tener amigos? –dijo Julián.

–Se me ocurren tres cosas muy importantes. La primera es que cuando hables con algún niño y te pregunte cosas, después de responderle, tú también le hagas preguntas.

–Bueno... puedo hacer eso, pero ¿para qué sirve hacer preguntas?

–Hacerle preguntas a alguien sirve para que se dé cuenta de que te interesa conocerlo y conversar con él. Si tú solamente respondes y nunca le preguntas nada, pensará que no quieres ser su amigo.

–¡Tienes razón, Gabriel! Gracias, trataré de hacerlo. ¿Qué más debo saber?

–Mi segundo consejo es muy simple. Cuando estés conversando con alguien, tienes que escuchar lo que te dice con atención y responderle cuando haya terminado de hablar. Si los dos hablan al mismo tiempo, ninguno podrá entender al otro.

–¡Claro! Como en los juegos, cada uno tiene su turno. Creo que voy a poder hacerlo porque lo practicamos en el ajedrez todo el verano.

–Sí, igual que en el ajedrez, en las conversaciones también hay turnos: a veces toca hablar y a veces, callar. Si siempre habla la misma persona, se vuelve aburrido.

–¿Y cuál es tu tercer consejo? –preguntó intrigado Julián.

–Se trata de decirles a las personas lo que te gusta de ellas, agradecerles cuando hacen algo lindo por ti y felicitarlas si algo les sale bien.

–¿Cómo sería eso?

–Por ejemplo, si alguien te explica algo que no entiendes o te comparte su merienda, dices "gracias". Si algún compañero hace un gol en el recreo o un dibujo lindo en la clase, puedes felicitarlo. Si alguien te hace sentir bien, se lo dices con una sonrisa. ¿Entiendes?

–Sí, entiendo. ¿Y eso para qué sirve?

–Sirve para que los demás sepan que los quieres y piensas cosas lindas de ellos. Eso los pondrá contentos y les dará más ganas de estar contigo.

–¡Es verdad! A mí me gusta mucho cuando me dices que soy importante para ti. ¡Muchas gracias, Gabriel!

Después de estos consejos, Julián se sentía mucho más seguro. Se animó a ir a la escuela y se acercó a conversar con varios niños del grado. Uno de ellos lo invitó a jugar en el recreo a la pelota y le hizo la pregunta más linda de todas: "¿Querés ser mi amigo?".

¡Y COLORÍN COLORADO,
AHORA JULIÁN ESTARÁ ACOMPAÑADO!

PREGUNTAS PARA LOS NIÑOS

- ⭕ ¿Qué piensas de los consejos que Gabriel le dio a Julián?

- ⭕ ¿Se te ocurre algún otro consejo que podría servirle?

- ⭕ ¿Te parece difícil hacer amigos?

PREGUNTAS PARA REFLEXIONAR ENTRE ADULTOS

- ⭕ ¿Observo alguna dificultad en el niño para relacionarse? Si es así, ¿de qué manera podría ayudarlo?

- ⭕ ¿El pequeño cuenta con la posibilidad de compartir con pares?

- ⭕ ¿Cómo nos relacionamos en casa con los vecinos, la familia y los amigos?

Mi dibujo de la historia

Capítulo 11

El desarrollo de la empatía

La empatía es la habilidad social que permite comprender las emociones, las ideas y los puntos de vista ajenos, sin llegar por eso a pensar lo mismo que la otra persona. Escuchar de manera empática implica interesarse por lo que le sucede al otro y ser capaz de reconocerlo como una persona diferente y merecedora de respeto.

La empatía se desarrolla en etapas progresivas en los niños y se puede entrenar a lo largo de toda la vida. Para conocer y entender las emociones de alguien más, es requisito previo contactar con las propias emociones.

La habilidad en cuestión es fundamental para el buen funcionamiento de cualquier vínculo, ya que entre otros aspectos posibilita responder adecuadamente a las necesidades del otro, discutir de manera constructiva, contemplar los intereses de los demás y tomarlos en cuenta, negociar para buscar la mutua conveniencia, etcétera.

Por ello, el cuento "Qué está pasando aquí" pretende ejercitar el registro y el reconocimiento de los diferentes estados emocionales, y proponer el diálogo y la comunicación de estos como parte de la resolución de problemas.

¿ Qué está pasando aquí?

Había una vez una hermosa familia de ratones. El papá se llamaba Oscar; la mamá, Ernestina, y los pequeños ratoncitos, Cocinerita y Tilín.

La mañana de Navidad, Tilín se despertó muy contento. Era su día preferido del año porque disfrutaba mucho celebrar con su familia y darles un saludo especial a sus amigos.

Cocinerita también estaba entusiasmada, hacía tiempo que tomaba clases de cocina y la cena navideña era el mejor momento para sorprender a su familia con riquísimas comidas.

A pesar de la alegría de los ratoncitos, algo no estaba bien en la familia. Sus papás tenían una gran preocupación porque Don Oscar se había quedado sin trabajo. Doña Ernestina, que amaba a su esposo, tuvo una idea para alegrarlo: saldría a recoger sus flores favoritas por el campo y armaría un gran ramo que le diera color y vida a la mesa de Navidad.

Cuando Cocinerita advirtió que su mamá salía de la casa, aprovechó para preparar sus mejores recetas sin que nadie la viera. Después de mezclar, batir y amasar durante horas en la cocina, metió en el horno todo lo que había hecho y se sentó a esperar que la comida estuviera lista.

La espera empezó a hacerse larga y, para divertirse un poco, la pequeña ratoncita puso su música preferida y comenzó a bailar. Bailó una, dos, tres, diez canciones, hasta que comenzó a sentir mucho olor a quemado...

–¡Me olvidé de sacar la comida! –pensó–. ¡Ya nada de lo que hice con tanto amor va a servir!

Cuánta tristeza y enojo sentía… tanto que se puso a gritar con todas sus fuerzas.

Justo en ese momento apareció, muy serio, nervioso y preocupado, Don Oscar, que al encontrarse con los gritos de Cocinerita se sintió aún peor y comenzó a gritar también.

Entre tanto griterío, Tilín se asomó a ver qué pasaba. Él venía muy contento de saludar a sus amigos, dispuesto a pasar feliz en familia este día que tanto había esperado. Al encontrar así a su papá y a su hermana, se sintió muy decepcionado y empezó a gritar más fuerte que ellos, para pedirles que se callaran.

Fue entonces cuando abrió la puerta de casa Doña Ernestina. Su cara tenía una sonrisa y en sus manos cargaba un enorme ramo de flores. Al verla, todos hicieron silencio.

Después de unos minutos sin hablar, la mamá de la familia dijo:

–No sé qué ha ocurrido aquí, pero los gritos nos ponen a todos muy nerviosos y no nos dejan pensar bien. ¿Qué les parece si mejor cada uno cuenta qué siente y los demás tratamos de entenderlo?

Todos aceptaron la idea y se sentaron en el comedor para conversar tranquilos. La primera en hablar fue Cocinerita:

–Yo estoy muy triste porque se quemó la comida que tanto me había esforzado en preparar. La hice con mucha ilusión, para que pudiéramos compartirla y disfrutarla juntos. Además, me enojé un poco conmigo porque debería haber estado más atenta al horno, en lugar de ponerme a bailar…

Su familia la escuchó con atención. Su papá le acarició la cabeza y su mamá le explicó que no tenía que culparse porque fue un pequeño accidente que a cualquier le podría haber sucedido. Tilín, por su parte, se ofreció a cocinar juntos algún postre rico para la cena de Navidad.

Luego de unos minutos, Don Oscar también quiso compartir lo que él había vivido:

–Yo me siento preocupado desde hace varios días. La verdad es que me da mucho miedo buscar un trabajo nuevo porque nunca antes he tenido que hacerlo. Los nervios me hacen doler la cabeza y cuando escuché que Cocinerita gritaba, no supe qué hacer.

Los ratoncitos abrazaron muy fuerte a su papá, querían mostrarle cuánto lo amaban y que no estaba solo en ese momento tan difícil para él.

Finalmente, el más chiquito de la familia tomó la palabra:

–Yo no entendía por qué ustedes estaban gritando. Para mí fue muy feo encontrarlos así porque este es mi día preferido y tenía mucha ilusión de que lo celebráramos contentos.

–Y aún podemos celebrarlo contentos, Tilín –dijo Doña Ernestina–. Hace un momento, todos estaban sintiendo cosas diferentes y difíciles, pero ahora sabemos lo que está pasando y podemos ayudarnos entre todos. Somos una familia y vamos a cuidarnos.

Después de esta conversación, todos se mostraron más tranquilos y comprendieron mejor la situación. Decidieron, entonces, trabajar en equipo y dividir tareas: los papás armaron el arbolito y se encargaron de la cena, y los hermanitos decoraron la casa e hicieron un rico postre.

Así fue como la familia de ratones consiguió celebrar una hermosa Navidad, en la que todos se sintieron unidos y apoyados por los que más amaban.

¡Y COLORÍN COLORIENTO, ES IMPORTANTE DECIR CÓMO ME SIENTO!

PREGUNTAS PARA LOS NIÑOS

- ¿Qué sintió Cocinerita cuando se le quemó la comida?

- ¿Qué crees que sintió Don Oscar cuando escuchaba gritar a su hija?

- ¿Por qué la mamá se había ido a juntar flores?

- ¿Por qué te parece que los ratones se sintieron más tranquilos después de hablar?

PREGUNTAS PARA REFLEXIONAR ENTRE ADULTOS

- ¿Hay en mi familia un espacio para hablar sobre lo que sentimos?

- ¿Puedo registrar la emoción del niño detrás de su conducta?

- ¿Le enseño al niño a conocer y a respetar las emociones de los demás tanto como las propias?

Mi dibujo de la historia

Capítulo 12

Pensar antes de actuar

La capacidad de reflexionar, de pensar antes de actuar, es una herramienta de gran utilidad para diferentes áreas de la vida y del desarrollo de un niño. Contar con ella repercutirá positivamente en su socialización, en el modo de resolver problemas cotidianos, en su aprendizaje, en su autocontrol, y en la gestión y la comprensión de emociones, entre otros aspectos.

El estímulo de los adultos resulta fundamental para entrenar la competencia en cuestión. Guiar su pensamiento a través de preguntas que lo ayuden a entender las motivaciones, los disparadores y las consecuencias de su comportamiento le permitirá interiorizar un modelo de razonamiento que luego podrá aplicar cuando se encuentre solo.

Este cuento tiene por objetivo estimular la incorporación de un intervalo de tiempo antes de actuar, contemplando de este modo un espacio para el pensamiento, para "el ensayo mental" de diversas respuestas hasta escoger la adecuada.

El secreto del rey de la selva

Este es la historia de Atlas, un leoncillo inteligente y amable que, como todos en su especie, era además muy fuerte, rápido y elegante. Sin embargo, tenía el mismo inconveniente que muchos otros leones pequeños: su fuerza era tanta que debía aprender a controlarse para no generar miedo en los demás animales de la selva.

Aunque nunca lo hacía con mala intención, a veces lastimaba a los conejitos, asustaba a los monos o hacía huir desesperados a los pájaros cuando intentaba jugar con ellos o hacerles una broma.

Un día, cansado de hacer daño sin quererlo, fue a buscar a la tortuga más vieja de la selva para pedirle ayuda. Todos sabían que ella tenía tanta sabiduría como arrugas y que daba los mejores consejos.

–Señora tortuga, necesito que me diga cómo hacer para dejar de ocasionar problemas –dijo el leoncito.

–Atlas, escucha bien atento lo que voy a decirte –respondió la tortuga. Este es mi secreto: antes de hacer algo que quiero, me meto dentro de mi caparazón unos minutos. Allí respiro profundo y pienso qué puede pasar si lo hago. A veces la respuesta a esa pregunta no me gusta, entonces trato de encontrar otras ideas que sean mejores y no lastimen a nadie. Solo después de eso salgo de mi caparazón y hago lo que pensé.

–Gracias, señora tortuga. ¡Nunca creí que fuera importante pensar antes de hacer algo, pero tiene sentido! Trataré de hacerlo y siempre me acordaré de su ayuda –reflexionó Atlas.

Esa misma tarde, el leoncito fue a visitar a los monos para jugar. Pero esta vez, antes de llamarlos con un fuerte rugido, recordó las palabras de la tortuga y se preguntó: "¿Qué puede pasar si lo hago?". Después de unos segundos, se respondió: "Podrían asustarse y pensar que afuera hay un león enojado". Pensó entonces que sería mejor no anunciarse con un fuerte rugido, sino saludarlos con calma cuando estuviera cerca.

Así lo hizo. Al verlo llegar tan tranquilo, los cuatro monitos bajaron del árbol de un salto y lo abrazaron. Se sintió muy contento por aplicar lo que había aprendido y por no asustar a sus amigos. ¡Ahora nada iba a arruinar esa hermosa tarde de juegos y de sol!

Los años pasaron y Atlas fue elegido Rey de la Selva. Todos los animalitos lo votaron, pero no solo porque era el más fuerte y poderoso de los leones, sino también porque tomaba muy buenas decisiones. La ceremonia fue hermosa... todos aplaudieron emocionados cuando la vieja tortuga le colocó la corona de rey a su amigo de siempre.

¡Y COLORÍN COLORUAR,
HAY QUE PENSAR ANTES DE ACTUAR!

PREGUNTAS PARA LOS NIÑOS

- ¿Por qué estaba preocupado Atlas?

- ¿Te gustó la técnica de la tortuga? ¿Crees que podrías usarla?

- ¿Cuál es la ventaja de pensar antes de hacer algo?

PREGUNTAS PARA REFLEXIONAR ENTRE ADULTOS

- ¿Cuando el niño comete un error, lo ayudas a entender por qué su acción no fue la indicada?

- ¿Guías la reflexión hacia la búsqueda de comportamientos alternativos para enfrentar la situación?

- ¿Le doy al niño la posibilidad de elegir opciones en su cotidianidad? ¿Sé de qué manera llegó a tal decisión?

Mi dibujo de la historia

Capítulo 13

La separación y el divorcio de los padres

El divorcio o la separación de los padres es un evento altamente estresante en la vida de un niño, ya que trae aparejados numerosos cambios: su grupo conviviente, la rutina, el domicilio, la situación económica de la familia, la frecuencia de interacción con el progenitor que se va del hogar, las posibles nuevas parejas de sus padres, etcétera.

A estas modificaciones en su cotidianidad se suma la presencia de la angustia en los distintos miembros de su familia, la incertidumbre y la confusión sobre lo que está sucediendo y lo que pasará después, como así también las diversas fantasías con las que el niño completa la información que le falta o que no alcanza a entender.

Si bien el impacto emocional por la ruptura es inevitable, tomar ciertas precauciones puede disminuirlo y facilitar al pequeño el proceso de duelo por las mencionadas pérdidas. A continuación, haré algunas sugerencias:

-Mantener en la mayor medida posible su rutina, los hábitos y las costumbres.

-Brindarle un espacio para conversar con tranquilidad acerca de la decisión de separarse, habilitarlo a expresar sus dudas y sus emociones.

-Explicarle de manera breve y concreta qué implicaciones tendrá esto en su vida y cuáles son aquellas instancias que permanecerán iguales.

-Dejar clara la diferencia entre la ruptura de la pareja y la continuidad de la paternidad.

-Permitir que conserve una imagen positiva de ambos padres (evitar hacerlo partícipe o testigo de críticas y discusiones).

-Mantenerlo ajeno a las negociaciones económicas, legales y sobre otras temáticas que lo exceden.

-No asignarle el rol de mediador ni de mensajero entre sus padres, y no interrogarlo al volver de la casa del otro progenitor.

-Establecer de manera clara los días que pasará en cada casa para que pueda predecirlo y organizarse (externa e internamente).

El cuento "Mi familia está cambiando" pretende habilitar un espacio de diálogo, así como brindar la tranquilidad y la expectativa de que, con el tiempo, la familia logrará acomodarse.

Mi familia está cambiando

Había una vez un lorito llamado Rubén que tenía 6 años. Vivía con Doña Lora, su madre; con Gran Loro, su padre, y con su hermanito menor, Charlatín.

La familia de loros era muy bonita. Gran Loro llevaba a sus hijos a volar bien alto para disfrutar del paisaje después de la escuela de pájaros. Y cuando volvían, Doña Lora leía cuentos e inventaba las historias más divertidas.

Sin embargo, en el último tiempo Rubén notó algunos cambios en su familia. Estaba muy confundido, pero no se animaba a preguntar qué sucedía. Sus papás estaban peleando mucho y a veces no tenían energías para jugar con él y con su hermanito.

Un día, Doña Lora y Gran Loro llamaron a sus hijos para contarles algo muy importante. Habían decidido separarse porque pensaban que vivir en nidos distintos los haría más felices. Eso significaba que Gran Loro comenzaría a construir su nido en otro árbol y se mudaría cuando estuviera listo.

Los pequeños se pusieron muy tristes al escuchar la noticia. Ellos amaban a su mamá y a su papá por igual; y aunque no entendían bien lo que pasaba, sentían mucho miedo. Un montón de preguntas vinieron a sus cabezas:

–¿Eso significa que no veremos más a papá? ¿Dejaremos de ser una familia? –preguntaron afligidos los loritos.

–No, mis loritos. Su papá siempre será su papá, siempre los amará y los cuidará, al igual que yo –respondió Doña Lora–. Vamos a seguir siendo una hermosa familia, solo que diferente: ahora tendrán dos niditos, algunos días disfrutarán el de papá y otros, este.

–Pero... ¡todo en nuestra vida cambiará! –se afligieron los loritos.

–No. Algunas cosas van a cambiar y otras continuarán siendo iguales. Irán a la escuela de siempre, tendrán los mismos amigos que tenían, seguirán yendo a volar con papá y leyendo cuentos conmigo –intentaba tranquilizarlos Doña Lora.

–¿Esto es nuestra culpa? –preguntaron los pequeños–. ¿Es por las veces que nos portamos mal y no queremos hacer los deberes?

–No, esta es una decisión que tomamos los grandes. Nadie tiene la culpa, lo hacemos porque pensamos que estaremos más contentos si mamá y papá toman caminos diferentes. Nosotros nos queremos mucho porque juntos los tuvimos a ustedes, que son lo más lindo de la vida, pero ya no elegimos ser una pareja –dijo la mamá.

–¿Y si nos ponemos tristes? ¿Y si no podemos acostumbrarnos? –insistían los loritos.

–Podemos ponernos tristes y extrañar, eso es normal y está bien. Cuando alguno se sienta mal, los demás estaremos aquí para abrazarlo y apoyarlo. Los primeros días serán difíciles, pero les prometo que a medida que pase el tiempo nos sentiremos mucho mejor –completó la mamá.

Después de esta conversación, los loritos se quedaron un poco más tranquilos porque confiaban mucho en sus papás.

Cuando Gran Loro terminó su nuevo nido, fueron a conocerlo y se pusieron contentos al ver que había allí un espacio para ellos. Además, hicieron muchos dibujos para ayudarlo con la decoración del hogar.

Cuando la maestra de los loritos se enteró de la noticia, les pidió a todos los pajaritos del grado que contaran con quién vivían. "Con mis abuelitos", respondió el canario; "con mi papá", dijo la paloma; "junto con mi mamá y su novio", contestó el águila; "con mis diez hermanitos", comentó el picaflor. Así fue como Rubén y Charlatín pudieron entender que hay diferentes tipos de familia y que todas son igualmente valiosas.

Los primeros días después de la separación fueron raros porque ya no podían pasar tiempo los cuatro juntos, pero los pequeños loritos tuvieron buenas ideas: cuando extrañaban a Gran Loro o a Doña Lora les hablaban por teléfono, pensaban lo que harían en su próximo encuentro y pedían abrazos cuando los necesitaban.

Luego de un tiempo, fueron dándose cuenta de que sus papás discutían menos y tenían más energía para jugar desde que vivían separados, de que cada uno les dedicaba su mejor parte y les daban el mismo amor de siempre. Además, ese año, por primera vez, los loritos tuvieron doble fiesta de cumpleaños: ¡una en cada nido!

Ahora saben que aunque los cambios sean difíciles, la tristeza en algún momento pasa y siempre aparecen nuevos motivos para estar alegres.

¡Y COLORIN COLORIÉN, TODO SALDRÁ BIEN!

PREGUNTAS PARA LOS NIÑOS

○ ¿Les hubieras hecho alguna pregunta más a los papás?

○ ¿Qué consejo podrías darles a los loritos?

○ ¿Cómo crees que Doña Lora y Gran Loro podrían ayudar a sus hijos para que se sientan un poco mejor?

PREGUNTAS PARA REFLEXIONAR ENTRE ADULTOS
en caso de que la familia haya atravesado una separación.

○ ¿Permito al niño tener una buena imagen tanto de su mamá como de su papá?

○ ¿Qué acciones ayudan a que el niño se mantenga apartado de los conflictos conyugales y cuáles no?

○ ¿Cuánto ha cambiado su rutina desde la separación?

○ ¿Qué elementos se mantienen y pueden brindarle seguridad y estabilidad?

Mi dibujo de la historia

Capítulo 14:

Hablemos de la muerte

La muerte sigue siendo un tema tabú en la cultura occidental, y para algunos adultos puede resultar difícil conversar con los niños sobre ella.

Con la idea de resguardarlos del temor y de la angustia ante la pérdida, con frecuencia se les oculta información o se la aborda de manera imprecisa, generando mayor confusión.

Cabe destacar que la comprensión del tema va cambiando según las posibilidades cognitivas con que el infante cuenta en cada edad. Por ejemplo, entender la muerte como universal (común a todos) e irrevocable (definitiva) requiere del manejo previo de tales nociones.

Por ello, sugerimos adaptar el lenguaje y la información brindada a la capacidad cognitiva del pequeño, y abordarla con naturalidad. Utilizar dibujos, cuentos, y tomar como ejemplo el reino vegetal o los animales para explicar el ciclo de la vida puede ser muy útil.

Es importante habilitar espacios para que el niño realice todas las preguntas que necesite, exprese lo que ya sabe al respecto y manifieste sus emociones. El rol del adulto será el de aportar claridad, contención y calma.

El cuento "La sabiduría de Abue-sapo" tiene como objetivo habilitar el diálogo entre adultos y niños, y brindar información concreta sobre el final de la vida. Es importante agregar que quienes crean en una trascendencia espiritual eterna pueden ampliar y enriquecer la visión de este cuento con su propia fe.

La sabiduría de abue-sapo

Había una vez una hermosa familia de sapitos que se divertían saltando, jugando en la tierra y cantando. Lauti era el más travieso, ágil y pequeño de todos. Era tan inquieto que cuando sus hermanos se cansaban de tanto correr y saltar, él iba a visitar a su abuelo Héctor.

¡Abue-sapo, como todos le decían, era el más sabio de todos los de su especie!, y siempre estaba dispuesto a contarle historias y a contestar sus preguntas sobre la vida.

Una tarde, Lauti salió con su abuelo a pasear. Mientras conversaban, divisaron a lo lejos lo mejor que cualquier sapo puede ver: ¡un gran charco! Se apuraron para llegar y, apenas estuvieron cerca, saltaron adentro para hacer una guerra de bolitas de barro.

Lauti pensó que iba a ganar fácilmente porque era mucho más veloz, pero Abue-sapo lo sorprendió con su puntería. Los dos quedaron tan sucios que su piel color verde parecía marrón.

Después de una hora entera de chapotear y arrojarse bolitas, Abue-sapo le enseñó a su nieto a hacer burbujas en el agua. Lauti aprendió muy rápido y pronto comenzó a fabricar muchas burbujas, burbujitas y también burbujotas.

Cuando ya se sintieron cansados de tanto jugar, se limpiaron un poco y se sentaron a conversar. Mientras charlaban, Lauti notó que de un árbol caían cientos de hojas anaranjadas.

–¿Por qué caen las hojas del árbol, Abue-sapo? –preguntó el pequeño.

–Esas hojitas que ves en el suelo ya vivieron todo lo que tenían que vivir en el árbol y ahora se caen para darles su lugar a las nuevas. Ellas ya disfrutaron del viento y de la lluvia, de la presencia de los pájaros, del calor del sol y de todo lo que una hojita puede recibir. Todas las plantas, los animales y las personas que venimos a este mundo nacemos, crecemos y en algún momento morimos –respondió el abuelo.

–Pero... ¿por qué? ¡No me gusta la muerte, abuelito!

–Mi querido Lauti, debes saber que la muerte es parte de la vida, es algo natural que no se puede evitar. Yo también moriré algún día. Pero cuando eso pase, tienes que recordar que ya he disfrutado mucho en este mundo. Ya fui pequeño, pasé por la escuela de sapos, hice grandes amigos, me enamoré de tu abuela, tuve hijos, ¡y hasta tuve nietos! He tenido una hermosa vida, y cuando mi turno de vivir termine, comenzará el de otros que aún no han nacido.

–¿Pero no te da miedo? ¿Qué se siente estar muerto? –preguntó Lauti con desconcierto.

–No, no me da miedo –le contestó el abuelo–, porque cuando uno muere, ya no siente ninguna cosa fea, no le duele más el cuerpo ni se preocupa por nada.

Pero Lauti tenía muchas preguntas sin responder en su cabeza:

–¡Eso es bueno! Y cuando alguien muere, ¿puede volver a visitar a su familia o a sus amigos alguna vez? ¿Aunque sea una?

–Eso no es posible, Lauti. Después de morir, nadie puede volver a este mundo, ni siquiera de visita.

–Pero, abuelito, ¡eso significa que cuando mueras no te podré volver a ver! ¡No sé si podré soportar extrañarte tanto!

—Te contaré algo —dijo con mucha calma Abue-sapo—. Cuando yo muera, no podrás verme como me ves ahora, pero siempre te acordarás de mí. Si quieres uno de mis consejos, podrás buscarlo dentro tuyo. Me conoces tan bien que seguro sabes qué es lo que yo te diría. De la misma manera, cada vez que juegues en los charcos, o cuando hagas burbujas como te enseñé, me sentirás cerca. También podrás pensar en las aventuras que vivimos juntos y en todo lo que compartimos. Cuando yo muera, me gustaría que tú crecieras muy contento, como lo hice yo, ¡porque será tu turno de hacerlo!

Y Lauti, más tranquilo y con cierto consuelo, le dijo:

—Está bien, tienes razón. Gracias, Abue-sapo, por explicarme. Tú siempre tienes la mejor respuesta para todo.

Se dieron un fuerte abrazo, y Lauti volvió contento a jugar con sus hermanos. Ya no le tenía tanto miedo a la muerte, porque el sapo más sabio de todos tampoco le temía.

¡Y COLORÍN COLORUELO,
NADIE SABE TANTO COMO EL ABUELO!

PREGUNTAS PARA LOS NIÑOS

- ¿Te gustó el cuento? ¿Cuál fue tu parte preferida?

- ¿Tienes alguna pregunta sobre la muerte?

- Si ha fallecido algún ser querido, ¿qué es lo más lindo que recuerdas de esa persona? ¿Qué enseñanzas te dejó?

PREGUNTAS PARA LOS ADULTOS

- ¿Has hablado alguna vez con el niño sobre la muerte?

- ¿Has habilitado un espacio para que el niño evacuara sus dudas sobre el tema?

- Si el niño se halla transitando un duelo, ¿ha podido expresar de algún modo sus emociones sobre ello?

Mi dibujo de la historia

FIN DEL

RECORRIDO

Hemos llegado juntos al final del libro. A lo largo de sus páginas, me apoyé en los cuentos para facilitar la comprensión y la elaboración de vivencias complejas de manera indirecta, metafórica y lúdica.

En estos últimos párrafos, quiero hacer una invitación a los adultos que han acompañado la lectura y que, a través de ella, han conectado con las vivencias de los más pequeños.

Les propongo inventar sus propios cuentos para niños: para reparar heridas, explicar aquello sobre lo que cuesta hablar, reforzar ideas, motivar, brindar nuevas perspectivas, transmitir afecto, calmar, y cualquier otro objetivo que ayude a su bienestar.

Quienes acepten este gran desafío recibirán, a cambio de su esfuerzo por pensar y sentir como el destinatario de las historias, la satisfacción de mirar, por un momento, el mundo con los ojos de asombro, inocencia, magia y sencillez que solo un niño tiene.

Impreso por Editorial Brujas • agosto 2020 • Córdoba-Argentina